美丽北京 魅力沟域

——京郊沟域景观构建图锦

◎ 北京市农业技术推广站 组织编写

杨林 朱莉 李琳 主编

U0875260

中国农业科学技术出版社

图书在版编目（CIP）数据

美丽北京　魅力沟域：京郊沟域景观构建图锦 / 杨林，朱莉，李琳主编 . -- 北京：中国农业科学技术出版社，2016.1
ISBN 978-7-5116-2479-6

Ⅰ . ①美…　Ⅱ . ①杨…　②朱…　③李…　Ⅲ . ①观光农业—农业发展—北京市　Ⅳ . ① F327.1

中国版本图书馆 CIP 数据核字（2016）第 001219 号

责任编辑　于建慧
责任校对　贾海霞

出 版 者　中国农业科学技术出版社
　　　　　北京市中关村南大街 12 号　邮编：100081
电　　话　（010）82109194（编辑室）（010）82109704（发行部）
　　　　　（010）82109703（读者服务部）
传　　真　（010）82109708
网　　址　http://www.castp.cn
经 销 者　各地新华书店
印 刷 者　北京富泰印刷有限责任公司
开　　本　889mm × 1 194mm　1 /32
印　　张　4.5
字　　数　113 千字
版　　次　2016 年 1 月第 1 版　2016 年 1 月第 1 次印刷
定　　价　26.80 元

版权所有 · 侵权必究

《美丽北京　魅力沟域——京郊沟域景观构建图锦》
编委会

主　任　马荣才（北京市农业局）

副主任　程晓仙（北京市农业局）

　　　　王克武（北京市农业技术推广站）

委　员　王　菲（北京市科学技术委员会）

　　　　肖长坤（北京市农业局）

　　　　张　猛（北京市农业局）

　　　　初蔚琳（北京市农业局）

主　编　杨　林（北京市农业技术推广站）

　　　　朱　莉（北京市农业技术推广站）

　　　　李　琳（北京市农业技术推广站）

副主编　时祥云（延庆区农业技术推广站）

　　　　朱　洁（北京市城规技术服务中心）

　　　　聂紫瑾（北京市农业技术推广站）

编　者　杨　林（北京市农业技术推广站）

　　　　朱　莉（北京市农业技术推广站）

　　　　李　琳（北京市农业技术推广站）

　　　　时祥云（延庆区农业技术推广站）

　　　　朱　洁（北京市城规技术服务中心）

　　　　聂紫瑾（北京市农业技术推广站）

　　　　田　满（北京市农业技术推广站）

　　　　赵　菲（北京市农业技术推广站）

　　　　陈　谦（北京市农业技术推广站）

　　　　李新旭（北京市农业技术推广站）

　　　　冯瑞富（延庆区农业技术推广站）

　　　　赵　岩（延庆区农业技术推广站）

　　　　吴尚君（北京市农业技术推广站）

　　　　曹　华（北京市农业技术推广站）

前言
PREFACE

北京市的山区占其市域总面积的62%，涉及119个山区乡镇，2 300余条沟域，成为北京重要的水源涵养地和生态屏障，是生态文明建设和可持续发展的重要支撑，也是北京生物多样性、景观资源和文化保护的重点地区。沟域经济是近年来北京山区在发展经济的过程中逐渐探索总结出的一种经济形态，是以山区沟域为空间单元，以自然景观、农业景观、文化历史遗迹和产业资源等要素为发展基础，集生态涵养、旅游观光、经济发展和人文价值与一体，对沟域单元内部环境、景观、村庄、产业等进行统一规划，建成产业融合且富有鲜明特色、具有一定规模的沟域产业带，并通过以点带面、多点成线、产业互动，形成聚集规模，从而实现山区发展与农民致富。沟域经济虽然发展时间不长，但北京地区通过“以农造景、以景促旅”，逐步打造形成了一批成功的沟域经济发展案例，例如延庆四季花海、延庆百里画廊、房山上方花海等精品景观沟域，验证了沟域经济是非常符合北京山区发展客观需求，能够加快山区经济发展，促进山区人民致富的一种经济模式，是未来北京山区发展经济的一个方向。

基于沟域产业和山区景观农业发展需要，2013年，北京市科委启动了“产业融合提升沟域经济发展”项目。项目立足沟域整体景观和产业具体科技需求，以提高科技带动力、产业带动力和产业融合度为目标，促进沟域产业结构升级和一二三产业融合，实现沟域生态保护与经济的协调发展。通过2013—2015年3年的项目开展实施，目前已形成了以特色品种资源为基础，以技术创新为主线，以景观模式构建为抓手，以产业融合为动力的发展态势。因此，项目组为了更好展现北京山区沟域产业发展的成效，特组织编写此书。

本书由四部分组成。第一部分为品种资源，重点介绍了粮食作物、油料作物、花卉作物、药材作物、蔬菜作物、果类作物及菌类作物等7类沟域产业融合发展中常用到的作物资源。第二部分为景观模式，重点介绍了规模农田景观、山体坡地景观、林下复合景观、观光园区景观及湿地水体景观5大类在山区沟域产业发展中构建的景观模式类型。第三部分为典型示范点介绍，重点介绍了延庆、密云、房山、怀柔、平谷、门头沟6个区的比较有代表性的沟域产业融合示范点。

本书图文并茂，内容详实，受众主要是从事沟域农田景观建设和休闲农业园区建设的相关技术人员，也适于农业爱好者阅读。本书写作过程中获得了很多从业者和农业爱好者的图片支持，特此感谢！限于作者水平，不当或错误之处敬请业界同仁和读者斧正。

目 录
CONTENTS

第一部分　品种资源

第二部分　景观模式

第三部分　典型示范点

第一部分

品种资源

◎ 粮食作物

◎ 花卉作物

◎ 药材作物

◎ 蔬菜作物

◎ 果类作物

◎ 菌类作物

◎ 粮食作物

荞麦 *Fagopyrum esculentum*

科　　属	蓼科荞麦属				
原 产 地	中国				
生态型描述	一年生草本	观 赏 期	8-9月	耐荫度	全光照
耐 旱 性	耐旱	管理粗放度	半粗放		
景观应用模式	农田片植、条带种植				
其他用途	杂粮、茶饮				

薏米 *Coix chinensis*

科　　属	禾本科薏苡属				
原 产 地	亚洲				
生态型描述	一年生草本	观 赏 期	8-10月	耐荫度	全光照
耐 旱 性	适中	管理粗放度	半粗放		
景观应用模式	农田片植、条带种植				
其他用途	杂粮、编草帘				

玉米 *Zea mays*

科属	禾本科玉蜀黍属				
原产地	美洲大陆的墨西哥、秘鲁、智利等沿安第斯山麓狭长地带				
生态型描述	一年生草本	观赏期	8-10月	耐荫度	全光照
耐旱性	适中	管理粗放度	半粗放		
景观应用模式	农田片植、条带种植、护坡种植				
其他用途	主粮、鲜食采摘、饲料、提取植物燃料、酿酒				

小麦 *Triticum aestivum*

科属	禾本科小麦属				
原产地	地中海附近				
生态型描述	一年生草本	观赏期	5-6月	耐荫度	全光照
耐旱性	适中	管理粗放度	精细		
景观应用模式	农田片植、条带种植、湿地种植				
其他用途	主粮、酿酒				

稻 *Oryza sativa*

科　　属	禾本科稻属				
原 产 地	亚洲热带				
生态型描述	一年生草本	观　赏　期	9-10 月	耐荫度	全光照
耐 旱 性	耐涝	管理粗放度	精细		
景观应用模式	农田片植、条带种植				
其他用途	主粮、酿酒				

马铃薯 *Solanum tuberosum*

科　　属	茄科茄属				
原 产 地	南美洲安第斯山区				
生态型描述	一年生草本	观　赏　期	4-6 月	耐荫度	全光照
耐 旱 性	适中	管理粗放度	半粗放		
景观应用模式	农田片植、条带种植				
其他用途	主粮、提取淀粉				

高粱　*Sorghum vulgare*

科　　属	禾本科稻属				
原 产 地	非洲				
生态型描述	一年生草本	观 赏 期	9-10月	耐荫度	全光照
耐 旱 性	适中	管理粗放度	精细		
景观应用模式	农田片植、条带种植、护坡种植				
其他用途	杂粮、酿酒、加工扫帚				

谷子　*Setaria italica*

科　　属	禾本科狗尾草属				
原 产 地	中国				
生态型描述	一年生草本	观 赏 期	9-10月	耐荫度	全光照
耐 旱 性	耐旱	管理粗放度	精细		
景观应用模式	农田片植、条带种植				
其他用途	杂粮				

甘薯 *Ipomoea batatas*

科　　属	旋花科番薯属				
原 产 地	南美洲；大小安地列斯群岛				
生态型描述	一年生草本	观 赏 期	10–11月	耐荫度	全光照
耐 旱 性	耐旱	管理粗放度	半粗放		
景观应用模式	农田片植、条带种植				
其他用途	杂粮、提取淀粉、加工白薯干				

黍子 *Panicum miliaceum*

科　　属	禾本科黍属				
原 产 地	亚洲或非洲				
生态型描述	一年生草本	观 赏 期	9–10月	耐荫度	全光照
耐 旱 性	适中	管理粗放度	精细		
景观应用模式	农田片植、条带种植				
其他用途	杂粮、酿酒、加工扫帚				

绿豆 *Vigna radiata*

科属	豆科豇豆属				
原产地	印度、缅甸				
生态型描述	一年生草本	观赏期	9-10月	耐荫度	耐半阴
耐旱性	耐旱	管理粗放度	半粗放		
景观应用模式	农田片植、条带种植、护坡种植				
其他用途	杂粮				

赤豆 *Vigna umbellate*

科属	豆科豇豆属				
原产地	中国				
生态型描述	一年生草本	观赏期	9-10月	耐荫度	耐半阴
耐旱性	耐旱	管理粗放度	半粗放		
景观应用模式	农田片植、条带种植、护坡种植				
其他用途	杂粮				

豌豆 *Pisum sativum*

科　属	豆科豌豆属				
原产地	亚洲西部、地中海地区和埃塞俄比亚、小亚细亚西部，外高加索全部				
生态型描述	一年生草本	观赏期	5-7月	耐荫度	耐半阴
耐旱性	适中	管理粗放度	半粗放		
景观应用模式	农田片植、条带种植				
其他用途	杂粮				

藜麦 *Chenopodium quinoa*

科　属	藜科藜属				
原产地	南美洲安第斯山区				
生态型描述	一年生草本	观赏期	7-8月	耐荫度	全光照
耐旱性	耐旱	管理粗放度	半粗放		
景观应用模式	农田片植、条带种植				
其他用途	杂粮、药用				

燕麦 *Avena sativa*

科属	禾本科燕麦属				
原产地	中国				
生态型描述	一年生草本	观赏期	5-6月	耐荫度	全光照
耐旱性	耐旱	管理粗放度	半粗放		
景观应用模式	农田片植、条带种植				
其他用途	杂粮				

大麦 *Hordeum vulgare*

科属	禾本科、大麦属				
原产地	欧洲、亚洲高海拔地区				
生态型描述	一年生草本	观赏期	5-6月	耐荫度	全光照
耐旱性	适中	管理粗放度	半粗放		
景观应用模式	农田片植、条带种植				
其他用途	杂粮、茶饮、酿酒				

◎ 油料作物

向日葵 *Helianthus annuus*

科属	菊科向日葵属				
原产地	墨西哥、秘鲁				
生态型描述	一年生草本	观赏期	8-10月	耐荫度	全光照
耐旱性	适中	管理粗放度	半粗放		
景观应用模式	农田片植、条带种植				
其他用途	油用、食品加工、采摘葵盘				

油菜 *Brasssica Campestris*

科属	十字花科芸薹属				
原产地	欧洲、中国、印度				
生态型描述	一年生草本	观赏期	4-5月	耐荫度	耐半阴
耐旱性	适中	管理粗放度	半粗放		
景观应用模式	农田片植、条带种植				
其他用途	油用、采摘菜薹				

大豆 *Glycine max*

科　　属	豆科大豆属				
原 产 地	中国				
生态型描述	一年生草本	观 赏 期	8-10 月	耐荫度	耐半阴
耐 旱 性	耐旱	管理粗放度	半粗放		
景观应用模式	农田片植、条带种植、护坡种植				
其他用途	油用、鲜食、食品加工、采摘				

花生 *Arachis hypogaea*

科　　属	豆科落花生属				
原 产 地	南美洲（巴西、亚马逊河）				
生态型描述	一年生草本	观 赏 期	8-9 月	耐荫度	耐半阴
耐 旱 性	适中	管理粗放度	半粗放		
景观应用模式	农田片植、条带种植				
其他用途	油用、鲜食、食品加工、采摘				

芝麻 *Sesamum indicum*

科属	胡麻科芝麻属				
原产地	非洲				
生态型描述	一年生草本	观赏期	8-10月	耐荫度	全光照
耐旱性	耐旱	管理粗放度	精细		
景观应用模式	农田片植、条带种植、护坡种植				
其他用途	油用、食品加工、采摘				

胡麻 *Linum usitatissimum*

科属	亚麻科亚麻属				
原产地	中亚细亚（埃及、中国）				
生态型描述	一年生草本	观赏期	7-9月	耐荫度	耐半阴
耐旱性	耐旱	管理粗放度	半粗放		
景观应用模式	农田片植、条带种植、护坡种植				
其他用途	油用、食品加工、采摘				

蓖麻 *Ricinus communis*

科　属	大戟科蓖麻属				
原产地	非洲东部				
生态型描述	一年生草本	观赏期	7-10 月	耐荫度	全光照
耐旱性	适中	管理粗放度	半粗放		
景观应用模式	农田片植、条带种植、护坡种植				
其他用途	提炼工业用油				

油用牡丹 *Paeonia suffruticosa*

科　属	毛茛科芍药属				
原产地	中国				
生态型描述	多年生灌木	观赏期	4-5 月	耐荫度	全光照
耐旱性	适中	管理粗放度	半粗放		
景观应用模式	农田片植				
其他用途	油用、药用				

◎ 花卉作物

月季　*Rosa chinensis*

科　属	蔷薇科蔷薇属	原产地	中国
生态型描述	灌木		
观赏期	5-10月	耐荫度	全光照
耐旱性	耐旱、耐涝	管理粗放度	半粗放
景观应用模式	农田片植、条带种植、护坡种植、孤植		
其他用途	药用，提炼精油，切花，盆栽		

牡丹　*Paeonia suffruticosa*

科　属	毛茛科芍药属	原产地	中国
生态型描述	灌木		
观赏期	5-6月	耐荫度	全光照
耐旱性	适中	管理粗放度	半粗放
景观应用模式	农田片植、条带种植、护坡种植、孤植		
其他用途	食用，药用，油用种类种子可榨油		

万寿菊 *Tagetes erecta*

科属	菊科万寿菊属				
原产地	墨西哥				
生态型描述	一年生草本	观赏期	7–10月	耐荫度	全光照
耐旱性	耐旱	管理粗放度	半粗放		
景观应用模式	农田片植、条带种植、护坡种植、孤植				
其他用途	提炼色素，药用，盆栽				

百日菊 *Zinnia elegans*

科属	菊科百日草属				
原产地	墨西哥				
生态型描述	一年生草本	观赏期	7–9月	耐荫度	全光照
耐旱性	耐旱	管理粗放度	粗放		
景观应用模式	农田片植、条带种植、护坡种植、孤植				
其他用途	籽种采收，切花，盆栽				

波斯菊 *Cosmos bipinnata*

科属	菊科秋英属				
原产地	墨西哥				
生态型描述	一年生草本	观赏期	7-10月	耐荫度	全光照
耐旱性	耐旱	管理粗放度	粗放		
景观应用模式	农田片植、条带种植、护坡种植、孤植				
其他用途	籽种采收，切花，盆栽				

硫华菊 *Cosmos sulphureus*

科属	菊科秋英属				
原产地	墨西哥				
生态型描述	一年生草本	观赏期	7-10月	耐荫度	全光照
耐旱性	耐旱	管理粗放度	粗放		
景观应用模式	农田片植、条带种植、护坡种植、孤植				
其他用途	籽种采收，切花，盆栽				

鸡冠花 *Celosia cristata*

科属	苋科青葙属				
原产地	热带亚洲				
生态型描述	一年生草本	观赏期	7-9 月	耐荫度	全光照
耐旱性	适中	管理粗放度	半粗放		
景观应用模式	农田片植、条带种植、孤植				
其他用途	籽种采收，切花，盆栽，药用				

醉蝶花 *Cleome spinosa*

科属	白花菜科醉蝶花属				
原产地	热带美洲				
生态型描述	一年生草本	观赏期	7-10 月	耐荫度	全光照
耐旱性	适中	管理粗放度	半粗放		
景观应用模式	农田片植、条带种植、护坡种植、孤植				
其他用途	籽种采收，切花，盆栽，蜜源植物				

银边翠 *Euphorbia marginata*

科　　属	大戟科大戟属				
原 产 地	北美				
生态型描述	一年生草本	观　赏　期	6-10 月	耐荫度	全光照
耐 旱 性	适中	管理粗放度	粗放		
景观应用模式	农田片植、条带种植、护坡种植、孤植				
其他用途	籽种采收，切花				

蛇目菊 *Sanvitalia procumbens*

科　　属	菊科蛇目菊属		原 产 地		墨西哥
生态型描述	一年生草本	观　赏　期	7-9 月	耐荫度	全光照、耐半阴
耐 旱 性	适中	管理粗放度	粗放		
景观应用模式	农田片植、条带种植、护坡种植				
其他用途	籽种采收，切花，盆栽，茶用				

孔雀草　*Tagetes patula*

科　　属	菊科万寿菊属				
原 产 地	墨西哥				
生态型描述	一年生草本	观 赏 期	7–10 月	耐荫度	全光照
耐 旱 性	耐旱	管理粗放度	粗放		
景观应用模式	农田片植、条带种植、护坡种植				
其他用途	籽种采收，药用，盆栽				

麦秆菊　*Helichrysum bracteatum*

科　　属	菊科蜡菊属				
原 产 地	澳大利亚				
生态型描述	一年生草本	观 赏 期	7–9 月	耐荫度	全光照
耐 旱 性	耐旱	管理粗放度	粗放		
景观应用模式	农田片植、条带种植、护坡种植、孤植				
其他用途	籽种采收，切花，盆栽，干花，茶用				

翠菊 *Callistephus chinensis*

科　　属	菊科翠菊属				
原 产 地	东亚地区				
生态型描述	一年生草本	观 赏 期	7-9月	耐荫度	全光照
耐 旱 性	适中	管理粗放度	半粗放		
景观应用模式	农田片植、条带种植、孤植				
其他用途	籽种采收，切花，盆栽，药用				

千日红 *Gomphrena globosa*

科　　属	苋科千日红属				
原 产 地	热带亚洲				
生态型描述	一年生草本	观 赏 期	6-9月	耐荫度	全光照
耐 旱 性	耐旱	管理粗放度	粗放		
景观应用模式	农田片植、条带种植、护坡种植				
其他用途	籽种采收，盆栽，干花，茶用				

琉璃苣 *Borago officinalis*

科　　　属	紫草科琉璃苣属				
原　产　地	地中海沿岸				
生态型描述	一年生草本	观　赏　期	7-9月	耐荫度	全光照
耐　旱　性	耐旱	管理粗放度	粗放		
景观应用模式	农田片植、条带种植、护坡种植、孤植				
其他用途	食用，茶用，药用，提炼精油，切花，盆栽				

紫茉莉 *Mirabilis jalapa*

科　　　属	紫茉莉科紫茉莉属				
原　产　地	热带美洲				
生态型描述	一年生草本	观　赏　期	6-10月	耐荫度	全光照、耐半阴
耐　旱　性	耐涝	管理粗放度	粗放		
景观应用模式	农田片植、条带种植、护坡种植、孤植				
其他用途	籽种采收，药用，切花，盆栽				

虞美人 *Papaver rhoeas*

科属	罂粟科罂粟属				
原产地	欧洲				
生态型描述	一年生草本	观赏期	5–7 月	耐荫度	全光照、耐半阴
耐旱性	适中	管理粗放度	半粗放		
景观应用模式	农田片植、条带种植、护坡种植、孤植				
其他用途	籽种采收，药用，切花，盆栽				

金鱼草 *Antirrhinum majus*

科属	玄参科金鱼草属	原产地	地中海地区
生态型描述	宿根草本，作一年生草本栽培		
观赏期	7–9 月	耐荫度	全光照、耐半阴
耐旱性	适中	管理粗放度	半粗放
景观应用模式	农田片植、条带种植		
其他用途	籽种采收，切花，盆栽，药用		

香雪球 *Lobularia maritima*

科属	十字花科香雪球属	原产地	地中海沿岸
生态型描述	多年生草本，常作一年生草本栽培		
观赏期	6-8 月	耐荫度	全光照、耐半阴
耐旱性	适中	管理粗放度	粗放
景观应用模式	农田片植、条带种植		
其他用途	籽种采收，盆栽		

矮牵牛 *Petunia hybrida*

科属	茄科碧冬茄属	原产地	阿根廷等地
生态型描述	多年生草本，作一年生草本栽培		
观赏期	5-8 月	耐荫度	全光照、耐半阴
耐旱性	适中	管理粗放度	半粗放
景观应用模式	条带种植、护坡种植		
其他用途	籽种采收，盆栽		

蓝花鼠尾草 *Salvia farinacea*

科　　属	唇形科鼠尾草属	原 产 地	北美南部
生态型描述	亚灌木，作一年生草本栽培		
观 赏 期	6-10月	耐 荫 度	全光照
耐 旱 性	适中	管理粗放度	半粗放
景观应用模式	农田片植、条带种植、护坡种植、孤植		
其他用途	籽种采收，切花，盆栽		

柳叶马鞭草 *Verbena bonariensis*

科　　属	马鞭草科马鞭草属	原 产 地	巴西阿根廷等地
生态型描述	亚灌木，作一年生草本栽培		
观 赏 期	6-10月	耐 荫 度	全光照
耐 旱 性	适中	管理粗放度	半粗放
景观应用模式	农田片植、条带种植、护坡种植		
其他用途	籽种采收，切花，盆栽		

大丽花 *Dahlia pinnata*

科　属	菊科大丽花属	原 产 地	墨西哥
生态型描述	球根草本，作一年生草本栽培		
观 赏 期	7-9 月	耐 荫 度	全光照
耐 旱 性	适中	管理粗放度	半粗放
景观应用模式	农田片植、条带种植、孤植		
其他用途	籽种采收，切花，盆栽		

茶用菊 *Dendranthema morifolium*

科　属	菊科菊属	原 产 地	中国
生态型描述	多年生草本，常作一年生草本栽培		
观 赏 期	9-10 月	耐 荫 度	全光照
耐 旱 性	耐旱	管理粗放度	半粗放
景观应用模式	农田片植、条带种植、护坡种植、孤植		
其他用途	茶用，药用，盆栽		

一串红 *Salvia splendens*

科　属	唇形科鼠尾草属	原产地	巴西
生态型描述	亚灌木，作一年生草本栽培		
观赏期	7-10月	耐荫度	全光照
耐旱性	适中	管理粗放度	半粗放
景观应用模式	农田片植、条带种植		
其他用途	籽种采收，盆栽，蜜源植物		

紫叶酢酱草 *Oxalis triangularis*

科　属	酢浆草科酢浆草属	原产地	中南美洲
生态型描述	球根草本，常作一年生草本栽培		
观赏期	6-10月	耐荫度	全光照、耐半阴、耐全阴
耐旱性	适中	管理粗放度	粗放
景观应用模式	农田片植、条带种植、护坡种植、孤植		
其他用途	籽种采收，盆栽		

萱草 *Hemerocallis fulva*

科　　属	百合科萱草属	原 产 地	东亚
生态型描述	宿根草本		
观 赏 期	5-10 月	耐 荫 度	耐半阴、耐全阴
耐 旱 性	适中	管理粗放度	半粗放
景观应用模式	农田片植、条带种植、护坡种植、孤植		
其他用途	食用，茶用，药用，切花，盆栽		

天蓝绣球 *Phlox paniculata*

科　　属	花荵科天蓝绣球属	原 产 地	北美东部
生态型描述	宿根草本		
观 赏 期	6-7 月	耐 荫 度	耐半阴、耐全阴
耐 旱 性	耐旱	管理粗放度	粗放
景观应用模式	农田片植、条带种植、护坡种植、孤植		
其他用途	切花，盆栽		

草甸鼠尾草 *Salvia pratensis*

科　　属	唇形科鼠尾草属	**原 产 地**	地中海沿岸及西亚
生态型描述	宿根草本		
观 赏 期	6-8月	**耐 荫 度**	耐半阴、耐全阴
耐 旱 性	适中	**管理粗放度**	半粗放
景观应用模式	农田片植、条带种植、护坡种植、孤植		
其他用途	切花，盆栽		

赛菊芋 *Heliopsis helianthoides*

科　　属	菊科赛菊芋属	**原 产 地**	北美
生态型描述	宿根草本		
观 赏 期	6-9月	**耐 荫 度**	全光照
耐 旱 性	耐旱	**管理粗放度**	粗放
景观应用模式	农田片植、条带种植、护坡种植		
其他用途	籽种采收，切花，盆栽		

松果菊 *Echinacea purpurea*

科　属	菊科紫锥花属	原 产 地	北美
生态型描述	宿根草本		
观 赏 期	6-8 月	耐 荫 度	全光照
耐 旱 性	适中	管理粗放度	粗放
景观应用模式	农田片植、条带种植、护坡种植、孤植		
其他用途	籽种采收，药用，切花，盆栽，干花		

黑心金光菊 *Rudbeckia hirta*

科　属	菊科金光菊属	原 产 地	北美
生态型描述	宿根草本		
观 赏 期	7-10 月	耐 荫 度	全光照、耐半阴
耐 旱 性	耐旱	管理粗放度	粗放
景观应用模式	农田片植、条带种植、护坡种植、孤植		
其他用途	籽种采收，切花，盆栽		

荆芥 *Nepeta cataria*

科　　属	唇形科荆芥属	原 产 地	中南欧至亚洲
生态型描述	宿根草本		
观 赏 期	6-8 月	耐 荫 度	全光照、耐半阴
耐 旱 性	适中	管理粗放度	粗放
景观应用模式	农田片植、条带种植、护坡种植、孤植		
其他用途	籽种采收，宠物玩具填充，切花，盆栽		

千屈菜 *Lythrum salicaria*

科　　属	千屈菜科千屈菜属	原 产 地	欧亚大陆、北非、北美、澳洲东南部
生态型描述	宿根草本		
观 赏 期	6-8 月	耐 荫 度	全光照、耐半阴
耐 旱 性	耐涝	管理粗放度	粗放
景观应用模式	农田片植、条带种植、护坡种植、湿地种植、孤植		
其他用途	籽种采收，食用，药用，切花，盆栽		

大花耧斗菜 *Aquilegia glandulosa*

科　　属	毛茛科耧斗菜属	原 产 地	中亚至西伯利亚
生态型描述	宿根草本		
观 赏 期	6-8月	耐 荫 度	全光照、耐半阴
耐 旱 性	适中	管理粗放度	粗放
景观应用模式	农田片植、条带种植、护坡种植、孤植		
其他用途	籽种采收，药用，切花，盆栽		

大花金鸡菊 *Coreopsis grandiflora*

科　　属	菊科金鸡菊属	原 产 地	美洲
生态型描述	宿根草本		
观 赏 期	6-10月	耐 荫 度	全光照、耐半阴
耐 旱 性	适中	管理粗放度	粗放
景观应用模式	农田片植、条带种植、护坡种植、孤植		
其他用途	籽种采收，提炼色素，药用，切花，盆栽		

玉簪 *Hosta plantaginea*

科　属	百合科玉簪属	原 产 地	中国和日本
生态型描述	宿根草本		
观 赏 期	8-10月	耐 荫 度	耐半阴、耐全阴
耐 旱 性	适中	管理粗放度	粗放
景观应用模式	农田片植、条带种植、护坡种植、孤植		
其他用途	药用，切花，盆栽		

狼尾草 *Pennisetum alopecuroides*

科　属	禾本科狼尾草属	原 产 地	中国中部及东部
生态型描述	宿根草本		
观 赏 期	8-11月	耐 荫 度	全光照、耐半阴
耐 旱 性	耐旱	管理粗放度	粗放
景观应用模式	农田片植、条带种植、护坡种植、孤植		
其他用途	药用，饲用，切花，干花，盆栽		

芒 *Miscanthus sinensis*

科　　属	禾本科芒属	**原 产 地**	中国、朝鲜及日本
生态型描述	宿根草本		
观 赏 期	9-11月	**耐 荫 度**	全光照、耐半阴
耐 旱 性	耐旱、耐涝	**管理粗放度**	粗放
景观应用模式	农田片植、条带种植、护坡种植、湿地种植、孤植		
其他用途	造纸，干花		

垂盆草 *Sedum sarmentosum*

科　　属	景天科景天属	**原 产 地**	亚洲东部
生态型描述	多肉类宿根草本		
观 赏 期	5-7月	**耐 荫 度**	全光照、耐半阴
耐 旱 性	耐旱、耐涝	**管理粗放度**	粗放
景观应用模式	农田片植、条带种植、护坡种植、孤植		
其他用途	食用，药用，盆栽		

八宝景天 *Hylotelephium erythrostictum*

科　　属	景天科八宝属	原 产 地	亚洲东部
生态型描述	多肉类宿根草本		
观 赏 期	7-9月	耐 荫 度	全光照、耐半阴
耐 旱 性	耐旱	管理粗放度	粗放
景观应用模式	农田片植、条带种植、护坡种植、孤植		
其他用途	药用，切花，盆栽		

百合 *Lilium brownii var. Viridulum*

科　　属	百合科百合属	原 产 地	东亚、欧洲及北美
生态型描述	球根草本		
观 赏 期	6-8月	耐 荫 度	耐半阴
耐 旱 性	适中	管理粗放度	半粗放
景观应用模式	农田片植、条带种植、护坡种植、设施种植、孤植		
其他用途	食用，药用，切花，盆栽		

马蹄莲 *Zantedeschia aethiopica*

科属	天南星科马蹄莲属	原产地	非洲东北部及南部
生态型描述	球根草本		
观赏期	7-8 月	耐荫度	耐半阴
耐旱性	适中	管理粗放度	精细
景观应用模式	条带种植、设施种植、孤植		
其他用途	切花，盆栽		

蛇鞭菊 *Liatris spicata*

科属	菊科蛇鞭菊属	原产地	美国东部
生态型描述	球根草本		
观赏期	7-8 月	耐荫度	全光照、耐半阴
耐旱性	适中	管理粗放度	粗放
景观应用模式	农田片植、条带种植、护坡种植、孤植		
其他用途	籽种采收，切花，盆栽		

唐菖蒲 *Gladiolus gandavensis*

科　　属	鸢尾科唐菖蒲属	原 产 地	南非
生态型描述	球根草本		
观 赏 期	7-9月	耐 荫 度	耐半阴
耐 旱 性	适中	管理粗放度	半粗放
景观应用模式	农田片植、条带种植、设施种植、孤植		
其他用途	药用，切花，盆栽		

芦苇 *Phragmites australis*

科　　属	禾本科芦苇属	原 产 地	世界性分布
生态型描述	水生宿根草本		
观 赏 期	9-11月	耐 荫 度	全光照、耐半阴
耐 旱 性	耐涝	管理粗放度	粗放
景观应用模式	农田片植、条带种植、护坡种植、湿地种植、孤植		
其他用途	加工乐器，造纸，干花，药用，饲用		

香蒲 *Typha orientalis*

科　　属	香蒲科香蒲属	原 产 地	亚洲东部、南部、大洋洲
生态型描述	水生宿根草本		
观 赏 期	6-7月	耐 荫 度	全光照、耐半阴
耐 旱 性	耐涝	管理粗放度	粗放
景观应用模式	湿地种植		
其他用途	填充枕头，编织蒲包，造纸，干花，食用，药用		

莲 *Nelumbo nucifera*

科　　属	莲科莲属	原 产 地	亚洲、大洋州北部
生态型描述	水生球宿根		
观 赏 期	7-9月	耐 荫 度	全光照、耐半阴
耐 旱 性	耐涝	管理粗放度	粗放
景观应用模式	湿地种植		
其他用途	食用，药用，切花，盆栽		

睡莲 *Nymphaea tetragona*

科　　属	睡莲科睡莲属	原　产　地	北非和亚洲温、热带
生态型描述	水生球宿根		
观　赏　期	6-9月	耐　荫　度	全光照、耐半阴
耐　旱　性	耐涝	管理粗放度	半粗放
景观应用模式	设施种植、湿地种植		
其他用途	食用，切花，盆栽		

百里香 *Thymus mongolicus*

科　　属	唇形科百里香属	原　产　地	中国
生态型描述	亚灌木		
观　赏　期	7-9月	耐　荫　度	全光照
耐　旱　性	适中	管理粗放度	粗放
景观应用模式	农田片植、条带种植、护坡种植、孤植		
其他用途	食用，茶用，药用，提炼精油，盆栽		

薰衣草 *Lavandula angustifolia*

科属	唇形科薰衣草属	原产地	地中海沿岸
生态型描述	亚灌木		
观赏期	6-7月，9月	耐荫度	全光照
耐旱性	耐旱	管理粗放度	半粗放
景观应用模式	农田片植、条带种植、孤植		
其他用途	食用，茶用，药用，提炼精油，切花，盆栽，干花，蜜源植物		

玫瑰 *Rosa rugosa*

科属	蔷薇科蔷薇属	原产地	亚洲
生态型描述	灌木		
观赏期	5-8月	耐荫度	全光照
耐旱性	耐旱	管理粗放度	粗放
景观应用模式	农田片植、条带种植、护坡种植、孤植		
其他用途	食用，茶用，药用，提炼精油，蜜源植物		

◎ 药材作物

黄芩 *Scutellaria baicalensis*

科　　属	唇形科黄芩属		
原 产 地	我国中西部、北部，西伯利亚，蒙古，朝鲜，日本		
生态型描述	多年生草本	观 赏 期	7-8 月
耐 荫 度	耐半阴	耐 旱 性	耐旱
景观应用模式	农田片植、护坡种植		
其他用途	药用、茶用		

菘蓝 *Isatis indigotica*

科　　属	十字花科菘蓝属		
原 产 地	我国中南部		
生态型描述	二年生草本	观 赏 期	4-5 月
耐 荫 度	耐半阴	耐 旱 性	耐旱
景观应用模式	农田片植		
其他用途	药用		

忍冬 *Lonicera japonica*

科　　属	忍冬科忍冬属		
原 产 地	我国大部分地区		
生态型描述	半常绿藤本	观 赏 期	4-6 月
耐 荫 度	耐半阴	耐 旱 性	耐旱
景观应用模式	幼林间作、护坡种植		
其他用途	药用		

五味子 *Schisandra chinensis*

科　　属	木兰科五味子属		
原 产 地	我国北部、日本、朝鲜		
生态型描述	落叶木质藤本	观 赏 期	5-10 月
耐 荫 度	全光照	耐 旱 性	耐旱
景观应用模式	条带种植		
其他用途	药用、提炼润滑油、茎皮纤维可作绳索		

蒲公英 *Taraxacum mongolicum*

科　属	菊科蒲公英属		
原产地	全国大部分地区都有分布		
生态型描述	多年生草本	观赏期	4-9 月
耐荫度	耐半阴	耐旱性	耐旱
景观应用模式	农田片植		
其他用途	药用		

丹参 *Salvia miltiorrhiza*

科　属	唇形科鼠尾草属		
原产地	全国大部分地区都有分布		
生态型描述	多年生草本	观赏期	5-10 月
耐荫度	耐半阴	耐旱性	适中
景观应用模式	农田片植、幼林间作		
其他用途	药用		

桔梗 *Platycodon grandiflorus*

科　　属	桔梗科桔梗属		
原 产 地	产自东北、华北、华东、华中各省以及广东、广西北部、贵州、云南东南部、四川、陕西。朝鲜、日本、俄罗斯的远东和东西伯利亚地区的南部也有分布		
生态型描述	多年生草本	观 赏 期	7–9 月
耐 荫 度	全光照	耐 旱 性	耐旱
景观应用模式	农田片植、条带种植	其他用途	药用

刺五加 *Acanthopanax senticosus*

科　　属	五加科五加属		
原 产 地	主要分布于亚洲东北部，西伯利亚一带		
生态型描述	落叶灌木	观 赏 期	6–7 月
耐 荫 度	全光照	耐 旱 性	耐旱
景观应用模式	农田片植		
其他用途	药用		

山药 *Dioscorea opposita*

科　　属	薯蓣科薯蓣属		
原 产 地	分布于东北、河北、山东、河南、安徽淮河以南、江苏、浙江、江西、福建、台湾、湖北、湖南、广西北部、贵州、去南北部、四川、甘肃东部、陕西南部等地		
生态型描述	缠绕草质藤本	观 赏 期	6-9月
耐 荫 度	全光照	耐 旱 性	适中
景观应用模式	条带种植	其他用途	药用

防风 *Saposhnikovia divaricata*

科　　属	伞形科防风属		
原 产 地	主产于河北、黑龙江、四川、内蒙古等地		
生态型描述	多年生草本	观 赏 期	8-9月
耐 荫 度	耐半阴	耐 旱 性	耐旱
景观应用模式	农田片植、幼林间作		
其他用途	药用		

半夏 *Pinellia ternata*

科　　属	天南星科半夏属		
原 产 地	除内蒙古、新疆、青海、西藏尚未发现野生的外，中国各地广布，朝鲜、日本也有		
生态型描述	多年生草本	观 赏 期	5-7 月
耐 荫 度	耐半阴	耐 旱 性	耐旱
景观应用模式	农田片植、幼林间作	其他用途	药用

藿香 *Agastache rugosa*

科　　属	唇形科		
原 产 地	中国各地广泛分布，俄罗斯，朝鲜，日本及北美洲有分布		
生态型描述	多年生草本	观 赏 期	6-9 月
耐 荫 度	全光照	耐 旱 性	耐旱
景观应用模式	农田片植、幼林间作		
其他用途	药用		

川芎 *Ligusticum chuanxiong*

科属	伞形科藁本属		
原产地	主产四川，在云南、贵州、广西、湖北、江西、浙江、江苏、陕西、甘肃、内蒙古、河北等省区均有栽培		
生态型描述	多年生草本	观赏期	7-8 月
耐荫度	耐半阴	耐旱性	耐旱
景观应用模式	农田片植、幼林间作	其他用途	药用

白术 *Atractylodes macrocephala*

科属	菊科苍术属		
原产地	在江苏、浙江、福建、江西、安徽、四川、湖北、湖南等地有种植		
生态型描述	多年生草本	观赏期	8-10 月
耐荫度	耐半阴	耐旱性	耐旱
景观应用模式	农田片植、幼林间作		
其他用途	药用		

射干 *Belamcanda chinensis*

科　属	鸢尾科射干属		
原产地	分布于全世界的热带、亚热带及温带地区，分布中心在非洲南部及美洲热带		
生态型描述	多年生草本	观赏期	6-8月
耐荫度	耐半阴	耐旱性	耐旱
景观应用模式	农田片植、条带种植	其他用途	药用

枸杞 *Lycium chinense*

科　属	茄科枸杞属		
原产地	分布于我国东北、河北、山西、陕西、甘肃南部以及西南、华中、华南和华东各省区；朝鲜，日本，欧洲有栽培或逸为野生		
生态型描述	多年生草本	观赏期	6-11月
耐荫度	全光照	耐旱性	适中
景观应用模式	农田片植	其他用途	药用

欧李 *Cerasus humilis*

科　属	蔷薇科樱属		
原产地	产黑龙江、吉林、辽宁、内蒙古、河北、山东、河南		
生态型描述	灌木	观赏期	4-10月
耐荫度	耐半阴	耐旱性	适中
景观应用模式	农田片植、幼林间作		
其他用途	药用		

紫苏 *Perilla frutescens*

科　属	唇形科紫苏属		
原产地	原产中国，主要分布于印度、缅甸、日本、朝鲜、韩国、印度尼西亚和俄罗斯等国家		
生态型描述	一年生草本	观赏期	8-11月
耐荫度	全光照	耐旱性	耐旱
景观应用模式	农田片植、条带种植	其他用途	药用

黄芪 *Astragalus membranaceus*

科　　属	豆科黄耆属		
原 产 地	全国各地均有栽培，主产于内蒙古、山西、甘肃、黑龙江等地		
生态型描述	多年生草本	观 赏 期	6–8月
耐 荫 度	耐半阴	耐 旱 性	耐旱
景观应用模式	农田片植、幼林间作		
其他用途	药用		

白芷 *Angelica dahurica*

科　　属	伞形科当归属		
原 产 地	产于我国东北及华北地区		
生态型描述	多年生草本	观 赏 期	7–8月
耐 荫 度	耐半阴	耐 旱 性	适中
景观应用模式	农田片植、幼林间作		
其他用途	药用		

甘草 *Glycyrrhiza uralensis*

科　　属	豆科甘草属		
原 产 地	产于东北、华北、西北各省区及山东。蒙古及俄罗斯西伯利亚地区也有		
生态型描述	多年生草本	观 赏 期	6-8 月
耐 荫 度	全光照	耐 旱 性	耐旱
景观应用模式	农田片植		
其他用途	药用		

金莲花 *Trollius chinensis*

科　　属	毛茛科金莲花属		
原 产 地	分布于山西、河南北部、河北、内蒙古东部、辽宁和吉林的西部		
生态型描述	多年生草本	观 赏 期	6-7 月
耐 荫 度	全光照	耐 旱 性	适中
景观应用模式	农田片植		
其他用途	药用		

薄荷 *Mentha haplocalyx*

科　　属	唇形科薄荷属		
原 产 地	全国大部分地区都有分布		
生态型描述	多年生草本	观 赏 期	7-9月
耐 荫 度	全光照	耐 旱 性	耐旱
景观应用模式	农田片植、条带种植		
其他用途	药用		

红花 *Carthamus tinctorius*

科　　属	菊科红花属		
原 产 地	主产河南、湖南、四川、新疆、西藏等地		
生态型描述	一年生草本	观 赏 期	6-7月
耐 荫 度	全光照	耐 旱 性	耐旱
景观应用模式	农田片植、条带种植		
其他用途	药用		

◎ 蔬菜作物

萝卜 *Raphanus sativus*

科　属	十字花科萝卜属	原产地	欧洲
生态型描述	一二年生草本		
观赏期	4-6月（花果期）	耐荫度	全光照
耐旱性	适中	管理粗放度	半粗放
景观应用模式	农田片植、设施种植		
其他用途	菜用		

芹菜 *Apium graveolens*

科　属	伞形科芹属	原产地	亚洲西南部非洲欧洲
生态型描述	一二年生草本		
观赏期	5-6月	耐荫度	全光照
耐旱性	适中	管理粗放度	半粗放
景观应用模式	农田片植、设施种植		
其他用途	菜用		

茄 *Solanum melongena*

科属	茄科茄属	原产地	中亚至西伯利亚
生态型描述	一年生直立分枝草本至亚灌木		
观赏期	6–9 月（花果期）	耐荫度	全光照
耐旱性	适中	管理粗放度	精细
景观应用模式	农田片植、设施种植		
其他用途	菜用		

黄瓜 *Cucumis sativus*

科属	葫芦科黄瓜属	原产地	印度
生态型描述	一年生蔓生或攀援草本		
观赏期	5–9 月（花果期）	耐荫度	全光照
耐旱性	适中	管理粗放度	精细
景观应用模式	农田片植、设施种植、廊架		
其他用途	菜用		

番茄 *Lycopersicon esculentum*

科　　属	茄科番茄属	原　产　地	南美洲
生态型描述	一年生草本		
观　赏　期	4-7月	耐　荫　度	全光照
耐　旱　性	适中	管理粗放度	精细
景观应用模式	农田片植、设施种植		
其他用途	菜用		

辣椒 *Capsicum annuum*

科　　属	茄科辣椒属	原　产　地	南美洲
生态型描述	一年生草本或亚灌木		
观　赏　期	5-11月（花果期）	耐　荫　度	全光照
耐　旱　性	适中	管理粗放度	半粗放
景观应用模式	农田片植、设施种植		
其他用途	菜用		

葫芦 *Lagenaria siceraria*

科　　属	葫芦科葫芦属	原　产　地	
生态型描述	一年生攀援草本		
观　赏　期	6-7月	耐　荫　度	全光照
耐　旱　性	耐旱	管理粗放度	半粗放
景观应用模式	农田片植、设施种植、廊架		
其他用途	菜用		

南瓜 *Cucurbita moschata*

科　　属	葫芦科南瓜属	原　产　地	亚洲南部
生态型描述	一年生蔓生草本		
观　赏　期	5-7月	耐　荫　度	全光照
耐　旱　性	耐旱	管理粗放度	粗放
景观应用模式	农田片植、设施种植、廊架		
其他用途	菜用		

冬瓜 *Benincasa hispida*

科　　属	葫芦科冬瓜属	原 产 地	亚洲热带地区
生态型描述	一年生蔓生草本		
观 赏 期	6-8月	耐 荫 度	全光照
耐 旱 性	适中	管理粗放度	半粗放
景观应用模式	农田片植、设施种植、廊架		
其他用途	菜用		

丝瓜 *Luffa cylindrica*

科　　属	葫芦科丝瓜属	原 产 地	印度
生态型描述	一年生攀援草本		
观 赏 期	7-8月	耐 荫 度	全光照
耐 旱 性	耐旱	管理粗放度	粗放
景观应用模式	农田片植、设施种植、廊架		
其他用途	菜用		

苦瓜 *Momordica charantia*

科 属	葫芦科苦瓜属	原 产 地	亚洲热带地区
生态型描述	一年生攀援草本		
观 赏 期	6-9月	耐 荫 度	全光照
耐 旱 性	耐旱	管理粗放度	粗放
景观应用模式	农田片植、设施种植、廊架		
其 他 用 途	菜用		

菜豆 *Phaseolus vulgaris*

科 属	豆科菜豆属	原 产 地	
生态型描述	一年生缠绕草本		
观 赏 期	6-8月	耐 荫 度	全光照
耐 旱 性	耐旱	管理粗放度	粗放
景观应用模式	农田片植、设施种植、廊架		
其 他 用 途	菜用		

白菜 *Brassica pekinensis*

科属	十字花科芸苔属	原产地	中国华北
生态型描述	一二年生草本		
观赏期	5-6 月（花果期）	耐荫度	全光照
耐旱性	适中	管理粗放度	半粗放
景观应用模式	农田片植、设施种植		
其他用途	菜用		

菠菜 *Spinacia oleracea*

科属	藜科菠菜属	原产地	伊朗
生态型描述	一年生或二年生草本		
观赏期	5-6 月（花果期）	耐荫度	全光照
耐旱性	适中	管理粗放度	半粗放
景观应用模式	农田片植、设施种植		
其他用途	菜用		

芫荽 *Coriandrum sativum*

科　属	伞形科芫荽属	原产地	南欧
生态型描述	一年生草本		
观赏期	5-7 月（花果期）	耐荫度	全光照
耐旱性	适中	管理粗放度	半粗放
景观应用模式	农田片植、设施种植		
其他用途	菜用		

莴苣 *Lactuca sativa*

科　属	菊科莴苣属	原产地	不详
生态型描述	一二年生草本		
观赏期	4-8 月（花果期）	耐荫度	全光照
耐旱性	适中	管理粗放度	精细
景观应用模式	农田片植、设施种植		
其他用途	菜用		

甘蓝 *Brassica oleracea var. capitata*

科　属	十字花科芸苔属	原产地	欧洲
生态型描述	一二年生草本		
观赏期	5-6 月（花果期）	耐荫度	全光照
耐旱性	适中	管理粗放度	精细
景观应用模式	农田片植、设施种植		
其他用途	菜用		

花椰菜 *Brassica oleracea var. botrytis*

科　属	十字花科芸苔属	原产地	欧洲
生态型描述	二年生草本		
观赏期	5-6 月（花果期）	耐荫度	全光照
耐旱性	适中	管理粗放度	精细
景观应用模式	农田片植、设施种植		
其他用途	菜用		

葱 *Allium fistulosum*

科　　属	百合科葱属	原 产 地	西伯利亚
生态型描述	多年生草本		
观 赏 期	4-7 月（花果期）	耐 荫 度	全光照
耐 旱 性	适中	管理粗放度	半粗放
景观应用模式	农田片植、设施种植		
其他用途	菜用		

韭菜 *Allium tuberosum*

科　　属	百合科葱属	原 产 地	亚洲东部
生态型描述	多年生草本		
观 赏 期	7-9 月（花果期）	耐 荫 度	全光照、耐半阴
耐 旱 性	适中	管理粗放度	半粗放
景观应用模式	农田片植、设施种植		
其他用途	菜用		

◎ 果类作物

桃 *Amygdalus persica*

科属	蔷薇科桃属	原产地	中国
生态型描述	落叶乔木		
观赏期	4-5 月	耐荫度	全光照
耐旱性	耐旱	管理粗放度	半粗放
景观应用模式	农田片植、护坡种植、孤植		
其他用途	果实鲜食，果脯，果仁药用		

李 *Prunus salicina*

科属	蔷薇科李属	原产地	中国
生态型描述	落叶乔木		
观赏期	4 月	耐荫度	全光照
耐旱性	耐旱	管理粗放度	半粗放
景观应用模式	农田片植、护坡种植、孤植		
其他用途	鲜食，果脯，果仁药用		

杏 *Armeniaca vulgaris*

科　　属	蔷薇科杏属	原　产　地	中国
生态型描述	落叶乔木		
观　赏　期	3-4 月	耐　荫　度	全光照
耐　旱　性	耐旱	管理粗放度	半粗放
景观应用模式	农田片植、护坡种植、孤植		
其 他 用 途	鲜食，果脯，药用		

梨 *Pyrus ussuriensis*

科　　属	蔷薇科梨属	原　产　地	中国
生态型描述	乔木		
观　赏　期	5 月	耐　荫　度	全光照
耐　旱　性	耐旱	管理粗放度	半粗放
景观应用模式	农田片植、护坡种植、孤植		
其 他 用 途	鲜食，药用		

苹果 *Malus pumila*

科　　属	蔷薇科苹果属	原　产　地	欧洲
生态型描述	乔木		
观　赏　期	果期 9-10 月	耐　荫　度	全光照
耐　旱　性	耐旱	管理粗放度	半粗放
景观应用模式	农田片植、护坡种植		
其他用途	鲜食		

柿 *Diospyros Kaki*

科　　属	柿树科柿树属	原　产　地	中国
生态型描述	乔木		
观　赏　期	果期 9-10 月	耐　荫　度	全光照
耐　旱　性	耐旱	管理粗放度	粗放
景观应用模式	农田片植、护坡种植、孤植		
其他用途	鲜食，果脯		

枣 *Ziziphus jujuba*

科　　属	鼠李科枣属	原　产　地	中国
生态型描述	乔木		
观　赏　期	5-7月	耐　荫　度	全光照
耐　旱　性	耐旱	管理粗放度	粗放
景观应用模式	农田片植、护坡种植、孤植		
其他用途	鲜食，果脯，药用		

山楂 *Crataegus pinnatifida*

科　　属	蔷薇科山楂属	原　产　地	中国、朝鲜及西伯利亚
生态型描述	乔木		
观　赏　期	花期5-6月，果期9-10月	耐　荫　度	全光照
耐　旱　性	耐旱	管理粗放度	粗放
景观应用模式	农田片植、护坡种植、孤植		
其他用途	鲜食，果脯，药用		

葡萄 *Vitis vinifera*

科属	葡萄科葡萄属	原产地	亚洲西部
生态型描述	多年生藤本		
观赏期	6月	耐荫度	全光照
耐旱性	耐旱	管理粗放度	半粗放
景观应用模式	农田片植、护坡种植、孤植、设施种植、廊架		
其他用途	鲜食，果脯		

海棠 *Malus spectabills*

科属	蔷薇科苹果属	原产地	
生态型描述			
观赏期	4-5月	耐荫度	全光照
耐旱性	耐旱	管理粗放度	半粗放
景观应用模式	农田片植、护坡种植、孤植		
其他用途	蜜饯，果脯		

樱桃 *Prunus pseudocerasus*

科　　属	蔷薇科李属	原　产　地	美洲
生态型描述	乔木		
观　赏　期	3-4 月	耐　荫　度	全光照
耐　旱　性	适中	管理粗放度	精细
景观应用模式	农田片植、护坡种植、孤植		
其他用途	鲜食，果脯，药用		

石榴 *Punica granatum*

科　　属	石榴科石榴属	原　产　地	亚洲南部
生态型描述	小乔木		
观　赏　期	6-7 月	耐　荫　度	全光照
耐　旱　性	耐旱	管理粗放度	半粗放
景观应用模式	农田片植、护坡种植、孤植		
其他用途	鲜食，果汁，药用		

西瓜 *Citrullus lanatus*

科　　属	葫芦科西瓜属	原　产　地	非洲热带地区
生态型描述	一年生草本		
观　赏　期	6-7 月	耐　荫　度	全光照
耐　旱　性	耐旱	管理粗放度	半粗放
景观应用模式	农田片植、护坡种植、孤植、设施种植		
其他用途	鲜食，果汁，果酱		

草莓 *Fragaria ananassa*

科　　属	蔷薇科草莓属	原　产　地	
生态型描述	多年生草本		
观　赏　期	4-6 月	耐　荫　度	全光照
耐　旱　性	适中	管理粗放度	精细
景观应用模式	农田片植、护坡种植、孤植、设施种植		
其他用途	鲜食，果汁，果酱		

猕猴桃 *Actinidia arguta*

科　　属	猕猴桃科猕猴桃属	原 产 地	
生态型描述	高大藤本		
观 赏 期	5-6 月	耐 荫 度	全光照
耐 旱 性	耐涝	管理粗放度	半粗放
景观应用模式	农田片植、护坡种植、孤植		
其他用途	鲜食，果脯，果汁		

榛子 *Corylus heterophylla*

科　　属	桦木科榛属	原 产 地	
生态型描述	多年生灌木或小乔木		
观 赏 期	4-5 月	耐 荫 度	全光照
耐 旱 性	耐旱	管理粗放度	半粗放
景观应用模式	农田片植、护坡种植、孤植		
其他用途	炒食，制酱		

核桃 *Juglans regia*

科　　属	胡桃科胡桃属	原　产　地	欧洲、亚洲
生态型描述	乔木		
观　赏　期	4-5 月	耐　荫　度	全光照
耐　旱　性	耐旱	管理粗放度	粗放
景观应用模式	农田片植、护坡种植、孤植		
其他用途	榨油，炒食，药用		

栗 *Castanea mollissima*

科　　属	壳斗科栗属	原　产　地	中国
生态型描述	乔木		
观　赏　期	5-6 月	耐　荫　度	全光照
耐　旱　性	耐旱	管理粗放度	粗放
景观应用模式	农田片植、护坡种植、孤植		
其他用途	炒食		

◎ 菌类作物

灰树花 *Grifola frondosa*

科　属	多孔菌科灰树花属	原产地	中国
生态型描述	一年生真菌		
观赏期	6-9月	耐荫度	耐全荫
耐旱性	适中	管理粗放度	精细、半粗放
景观应用模式	设施种植、林下种植		
其他用途	食用、加工		

猪苓 *Polyporus umbellatus*

科　属	多孔菌科多孔菌属	原产地	中国
生态型描述	一年生真菌		
观赏期	6-10月	耐荫度	耐全荫
耐旱性	适中	管理粗放度	精细、半粗放
景观应用模式	设施种植、林下种植		
其他用途	加工、药用		

平菇 *Pleurotus ostreatus*

科　　属	侧耳科侧耳属	原 产 地	中国
生态型描述	一年生真菌		
观 赏 期	6-11月	耐 荫 度	耐全荫
耐 旱 性	适中	管理粗放度	精细、半粗放
景观应用模式	设施种植、林下种植		
其他用途	食用、加工		

大杯蕈 *Clitocybe maxima*

科　　属	口蘑科杯伞属	原 产 地	中国
生态型描述	一年生真菌		
观 赏 期	8-10月	耐 荫 度	耐全荫
耐 旱 性	适中	管理粗放度	精细、半粗放
景观应用模式	设施种植、林下种植		
其他用途	食用、加工		

黑木耳 *Auricularia auricula*

科　属	木耳科木耳属	原产地	中国
生态型描述	一年生真菌		
观赏期	5-10月	耐荫度	耐全荫
耐旱性	适中	管理粗放度	精细、半粗放
景观应用模式	设施种植、林下种植		
其他用途	食用、加工		

竹荪 *Dictyophora indusiata*

科　属	鬼伞科竹荪属	原产地	亚热带地区
生态型描述	一年生真菌		
观赏期	5-11月	耐荫度	耐全荫
耐旱性	适中	管理粗放度	精细、半粗放
景观应用模式	设施种植、林下种植		
其他用途	食用、加工		

鸡腿菇 *Copyinds comatus*

科　　属	伞菌科鬼伞属	原 产 地	世界各地
生态型描述	一年生真菌		
观 赏 期	5-11月	耐 荫 度	耐全荫
耐 旱 性	适中	管理粗放度	精细、半粗放
景观应用模式	设施种植、林下种植		
其他用途	食用、加工		

香菇 *Lentinus edodes*

科　　属	光茸菌科香菇属	原 产 地	中国
生态型描述	一年生真菌		
观 赏 期	5-11月	耐 荫 度	耐全荫
耐 旱 性	适中	管理粗放度	精细、半粗放
景观应用模式	设施种植、林下种植		
其他用途	食用、加工		

灵芝 *Ganoderma lucidum*

科　　属	灵芝科灵芝属	原　产　地	中国
生态型描述	一年生真菌		
观　赏　期	1–12月	耐　荫　度	耐全荫
耐　旱　性	适中	管理粗放度	精细、半粗放
景观应用模式	设施种植、林下种植		
其他用途	加工、药用		

猴头菇 *Hericium erinaceus*

科　　属	猴头菇科猴头菇属	原　产　地	中国
生态型描述	一年生真菌		
观　赏　期	6–10月	耐　荫　度	耐全荫
耐　旱　性	适中	管理粗放度	精细、半粗放
景观应用模式	设施种植、林下种植		
其他用途	食用、加工、药用		

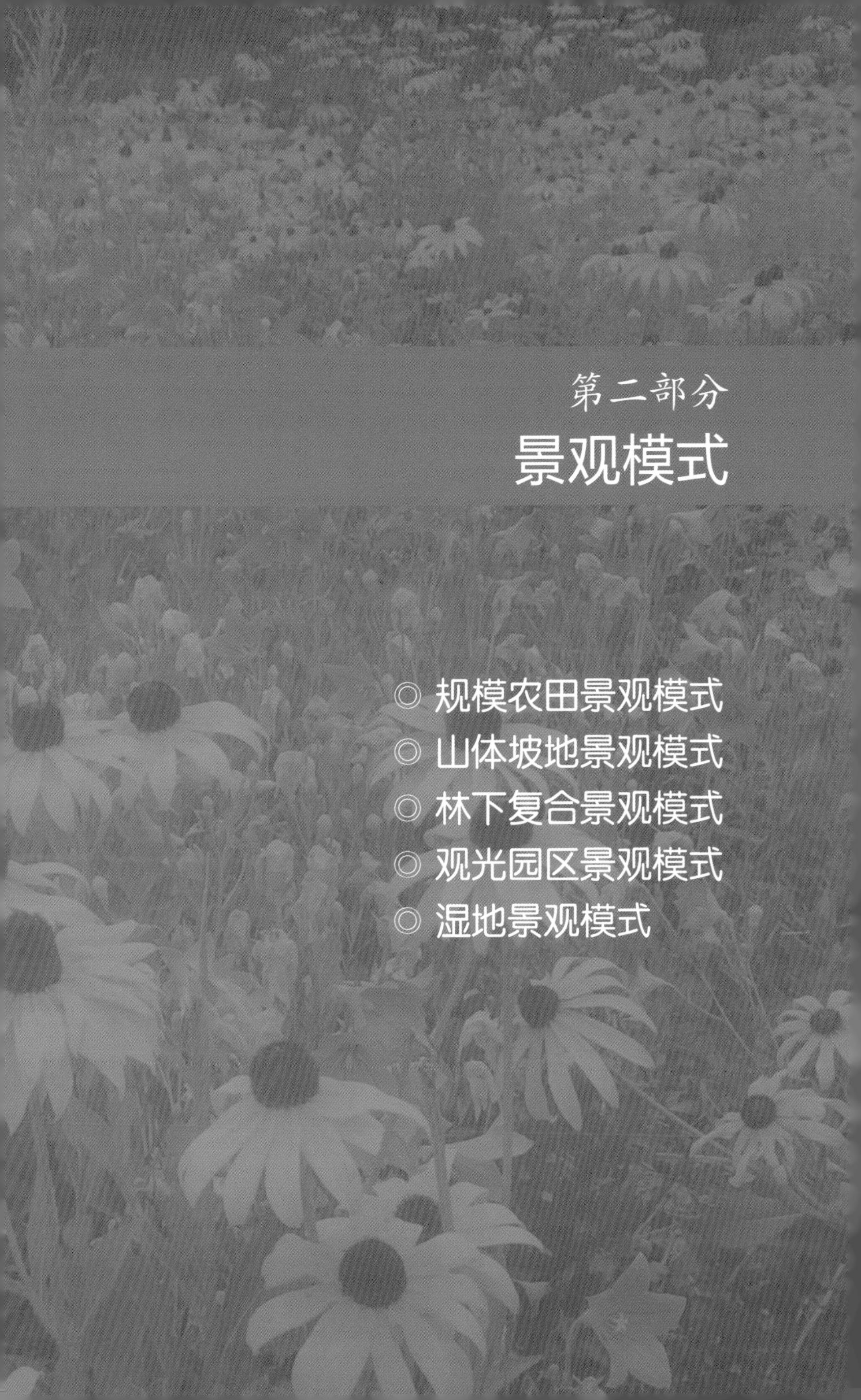

第二部分
景观模式

◎ 规模农田景观模式
◎ 山体坡地景观模式
◎ 林下复合景观模式
◎ 观光园区景观模式
◎ 湿地景观模式

◎ 规模农田景观模式

粮田景观模式

1　单作物粮田景观

单作物粮田景观是指以单种粮食作物构建的粮田景观模式。

2　间作式粮田景观

间作式粮田景观是指以 2 种或以上的粮食作物构建的粮田景观模式。

花海景观模式

1　单作物花海景观

油料作物花海景观　单作物油料作物花海景观是指以单种油料作物构建的花海景观模式。

花卉作物花海景观　单作物花卉作物花海景观是指以单品种且纯色的花卉作物构建的花海景观模式。

药材作物花海景观　单作物药材作物花海景观是指以单种药材作物构建的花海景观模式。

2 混色花海景观

单品种混色花海景观　单品种混色花海景观是指以不同颜色的单品种景观作物构建的花海景观模式。

多品种组合花海景观　多品种组合花海景观是指以不同品种景观作物构建的花海景观模式。

3　复合花海景观

复合式花海景观是指在同一地块上以不同品种、花色的景观作物构成一定几何形状的斑块，并复合而成构建的花海景观模式。

4　条带花海景观

条带花海景观是指在同一地块上以不同品种、花色的景观作物形成的条带构建的花海景观模式。

艺术造型景观模式

1　图案造型景观

图像造型景观是指利用景观作物种植形成特定图案从而构建的艺术造型景观模式。

2　文字造型景观

文字造型景观是指利用景观作物种植形成特定文字从而构建的艺术造型景观模式。

◎ 山体坡地景观模式

梯田景观模式

1 单一梯田景观

单一梯田景观是指以单品种且纯色的景观作物构建的梯田景观模式。

2 复合梯田景观

复合梯田景观是指以两种或以上不同品种或不同颜色同品种景观作物构建的梯田景观模式。

护坡景观模式

1　简单护坡景观

简单护坡景观是指以单品种且纯色的景观作物构建的地被护坡景观模式。

2　复合护坡景观

复合梯田景观是指以 2 种或以上不同品种或不同颜色同品种景观作物构建的地被护坡景观模式。

◎ 林下复合景观模式

林－粮复合景观

林－粮复合景观是指林下以粮食类作物为主的间套作复合田构建形成的景观模式。

林－药景观

林－药复合景观是指林下以药材类作物为主的间套作复合田构建形成的景观模式。

林 – 花景观

林 – 花复合景观是指林下以花卉类作物为主的间套作复合田构建形成的景观模式。

林 – 菌景观

林 – 菌复合景观是指林下以菌类作物为主的间套作复合田构建形成的景观模式。

◎ 观光园区景观模式

观光廊架景观

观光廊架景观是指通过人工设置竹、木、金属等廊架结构，配以种植藤本作物形成的立体廊道景观模式。

设施采摘景观

设施采摘景观是指在温室、大棚等农业设施中，通过种植规划设计形成的便于游人穿行观光采摘的设施内景观模式。

植物缓冲带景观

植物缓冲带是指农田与园路或水体交界的一定区域内设置的由多种植物结合形成的立体植物带，在农田与园路或水体之间起到一定的视觉和生态缓冲作用。

◎ 湿地水体景观模式

生态湿地景观

生态湿地景观是指通过挺水、浮水及水下植物的搭配种植构建出具有相对稳定结构生态群落的景观模式。

水体绿化景观

水体绿化景观是生物浮床技术的应用在水面浮床上种植各类水生或耐水作物形成的景观模式。

第三部分 典型示范点

◎延庆区
◎密云区
◎房山区
◎怀柔区
◎平谷区
◎门头沟区

◎ 延庆区

四海镇“四季花海”景观区

简介　四季花海主景区位于延庆区四海镇，是四季花海沟域的核心区域，四海镇依托花卉特色产业，建设创意农业示范区，大尺度打造大地景观。根据地势以万寿菊为主打品种，辅以茶菊、玫瑰、百合等花卉，营造了“遍地菊花黄金谷，两岸青山自然神”景观效果；修建了观景台、观景亭、山地公园、登山步道、自行车骑行路、观光循环步道等旅游设施；挖掘了花卉文化内涵，推出了特色花卉宴、扒猪脸、全牛宴等特色餐饮，开发花卉采摘、打花饼、逛花市、花海巡游等亲花体验活动。

主要景观模式　规模花海景观、条带式花海景观、复合梯田景观及花卉采摘景观

主要产品　茶菊、玫瑰饼等特色农特产品

消费项目　农家院、花海骑行

自驾路线　八达岭高速，延庆城区出口下，进入延庆城区后，走延琉路（延庆至怀柔琉璃庙），约 50 千米后，便可到达四海镇。

珍珠泉乡“珍珠山水”景观区

简介　珍珠泉乡位于延庆区东部，是四季花海沟域的终点，同时也是连接四季花海与百里山水画廊的必经之路。在景观设计中，根据该段沟域突出的山水特色，遵循因地制宜、借势造景的原则，分别打造了玫瑰园、珠泉喷玉广场和留香谷香草园三个景观节点。示范应用了玫瑰、百日草、小丽花、鼠尾草、马鞭草等 18 个景观作物品种，营造了以“珍珠山水”为主题的整体农田景观。2015 年，还新增了一个人形药材科普园，尝试发展以养生为特色的民俗旅游产业。

主要景观模式　复合式花海景观、条带式花海景观及艺术造型景观

主要产品　蜂蜜、玫瑰酱等特色农特产品

消费项目　农家院、花海骑行

自驾路线　走京藏高速（原八达岭高速公路），到延庆城区出口下，进入延庆城区后，走延琉路（延庆至怀柔琉璃庙），过四海镇奔珍珠泉方向即到。

刘斌堡乡“百花园”景区

简介 刘斌堡乡地处延庆区中部地区，东与四海镇相邻，西、南与永宁镇接壤，也是“四季花海”沟域起点。该乡在北京市农业技术推广站技术支持服务下，成功打造了百花园景观区。百花园背靠青山，仙气弥漫，风景如诗如画，是京郊四季花海的大门，同时也是进入延庆百里山水画廊的必经之路。百花园主园区观光园总占地面积为1000亩，引导花带1.5千米，沿公路两侧坡地和绿化带内分段种植金盏菊、满天星、波斯菊、虞美人、紫罗兰等60多个品种特色花卉，建立兼顾景观和效益的主题园10个，包括油菜、桔梗、射干、紫苏、玫瑰、马鞭草、万寿菊、鼠尾草、向日葵等各色经济观赏类花卉共计1000亩，花开时，不同的花卉带色彩分明，形成壮阔的大地景观。刘斌堡乡在打造花海美景的同时，在百花园附近的刘斌堡村，山南沟村和大观头村等村落中积极发展建设民俗旅游，使观光游客游玩之余可以就近休息就餐，领略原汁原味的农家风情。

主要景观模式 规模花海景观模式、条带式花海景观

主要产品 鲜食葵盘采摘、特色农产品

消费项目 农家院

自驾路线 走京藏高速（原八达岭高速公路），到延庆城区出口下，进入延庆城区后，走延琉路（延庆至怀柔琉璃庙），约20千米后可到达。

千家店镇“百里画廊”景观区

简介 千家店镇位延庆区东北部，属延庆生态涵养区的核心区，镇域内生态环境优良，旅游资源丰富，以打造百里山水画廊而著称。景区引进颜色鲜艳的向日葵在百里画廊沿线的农田进行轮换种植，种植地主要在百里画廊沿线的红石湾、沙梁子村、三道河、三间房、平台子等村。在向日葵开花期间，营造了自然山色与向日葵花海交相映衬的景观效果。近年有增加了蓝花鼠尾草、柳叶马鞭草、百日草、鸡冠花等多种花卉品种，使当地的向日葵景观更加多元化。

主要景观模式 规模花海景观模式、条带式花海景观

主要产品 鲜食葵盘采摘、农特产品

消费项目　硅化木国家地质公园、滴水壶等公园，以及农家院

自驾路线　经京藏高速公路（原八达岭高速公路）到延庆区城，往龙庆峡方向，走香龙路旅游专线（或往沈家营、永宁方向），沿“百里山水画廊”、“乌龙峡谷”指示牌即到。

◎ 密云区

太师屯镇“人间花海”园区

简介　人间花海观光园位于密云区太师屯镇车道峪村，地处两山夹一沟的沟峪地带。景区以“山间花海、爱情地、水中薰衣草”为主题，种植了薰衣草、刘烨马鞭草、百日草等数十种香草和花卉植物，还修建了水道、沙滩、木屋等，是集观光、影视摄影、礼仪庆典、观光采摘、农艺体验、水上娱乐、特色餐饮娱乐服务于一身的现代化花卉主题休闲度假庄园。

主要景观模式　复合式花海景观、条带式花海景观、驳岸湿地景观及植物缓冲带景观

主要产品　花卉精油、花卉种子、小盆栽花卉系列产品

消费项目　门票、餐饮、木屋住宿、水上娱乐项目

自驾路线　京承高速——国道 101(京密路)——太师屯出口右转——雾灵山方向直达车道峪村。

巨各庄镇“玫瑰情园”园区

简介 玫瑰情园位于北京市密云区巨各庄镇蔡家洼村，现种植面积1500多亩，目前有“丰花1号”、“四季玫瑰”和“大马士革”等多个玫瑰品种，并引进了7个色系的十余种月季蔷薇。景区围绕玫瑰文化产业，引入中世纪欧洲贵族马车及驿站的概念选取希腊、威尼斯、米兰、巴黎四个以浪漫著称的城市，通过微缩景观设计手法来设计，在玫瑰园中打造相识、相知、相恋、相守的欧洲浪漫城市之旅，是北京首家集休闲观光、产品展销、农业科普及徒步健身为一体的多功能主题公园。

主要景观模式 生态护坡景观、复合梯田景观

主要产品 玫瑰系列产品、特色豆制品及有机水果

消费项目 门票、玫瑰采摘、玫瑰系列产品DIY、巧克力亲子DIY、陶艺体验。

自驾路线 沿京承高速穆家峪收费站出，向南沿密兴路行驶500米到达蔡家洼路口（张裕爱斐堡酒庄），再向南行驶1千米到达。

◎ 房山区

韩村河镇“天开花海”园区

简介　天开花海景区位于韩村河镇天开村北，分为花海种植区、百科示范区、观光露营区、管理服务区四个功能区。景区根据当地“人”字形地貌特点，以“花”文化为主打产业，以万亩“天开花海”建设为中心区，种植油菜花 1 000 多亩，同时配合其他花卉，形成了独特的花卉景观效果。

主要景观模式　规模花海景观、复合式花海景观

主要产品　花海巡游、特色农产品

消费项目　门票、农家院

自驾路线　京石高速闫村出口，顺房易路直行，天开村口右转顺路 3 千米即到。或京石高速琉璃河出口出，往琉璃河方向直行至上方山公园门口，右转，直行见圣水峪路牌，左转，按天开花海指示牌行使即到。

长沟镇“水岸花田”园区

简介　长沟水岸花田位于长沟镇沿村，主要种植油菜花、向日葵、牡丹、芍药、荷花、鼠尾草等一系列景观作物，成功打造了特色农业观光系列活动“长沟花田节”，为前来赏花的市民提供花海摄影、亲子娱乐、户外野营、游船赏荷、果园采摘、品农家饭、购土特产等极富北方水乡特色的乡村旅游服务，让游客充分感受到长沟水岸花田的魅力。

主要景观模式　规模花海景观、生态湿地景观

主要产品　特色农产品、向日葵采摘体验

消费项目　门票、农家院、特色农产品

自驾路线　走京石高速公路，在琉陶路韩村河出口下，经过韩村河政府到达房易路左转朝易县方向行驶，大约行驶 500 米路西即到。

◎ 怀柔区

喇叭沟门乡“喜鹊登科”满族风情园

简介　基地主要位于怀柔区喇叭沟门满族乡，面积500亩，该园区位于北京怀柔区满韵汤河沟域。主要种植金莲花、茶菊等景观经济花卉作物，及谷子、荞麦等特色杂粮作物，同时营造出多种农业景观。目前园区以公司＋基地＋合作社的生产经营模式，形成生产、加工、销售、观光、采摘一条龙服务，并通过定期的互动活动推介花卉文化和乡土文化。

主要景观模式　复合花海景观、条带花海景观

主要产品　金莲花茶、菊花茶、玫瑰花茶、特色杂粮

消费项目　农家院、特色农产品

自驾路线　走京承高速公路，在怀柔城区出口出，通过联络线到达京加路（G111），沿京加路向丰宁方向行驶90千米，即到喇叭沟门满族乡，园区位于对角沟门村委会东100米。

小磨香油

喇叭沟门乡高寒植物园

简介 喇叭沟门乡是北京市生态系统类型和生物物种最为丰富的地区之一，这里是生物多样性宝库，又是生态安全的重要屏障。为了保护喇叭沟门乡内的濒危植物，该乡在白桦谷沿线上打造了濒危植物园。通过近几年的不断完善发展，目前园内已栽培濒危和有开发价值的高寒植物170余种，涉及乔木、灌木、草本野生花卉、野生药材、野生蔬菜，并于2014年更名为高寒植物园。通过濒危植

物园的深入建设，喇叭沟门乡将利用当地强大的植物资源，开发药膳资源食用工艺技术以及对野生花卉适合的品种进行大面积的推广，带动村民实行产业化经营，推进乡域经济发展。

主要景观模式　复合花海景观、条带花海景观、廊架景观模式

主要产品　野生花卉种苗、药用植物种苗

消费项目　农家院、药膳

自驾路线　走京承高速公路，在怀柔城区出口出，通过联络线到达京加路（G111），沿京加路向丰宁方向行驶 90 千米，即到喇叭沟门满族乡，园区位于喇叭沟门村白桦谷景区沿线。

◎ 平谷区

大华山镇"桃花海"主景观区

简介 园区地处北京市平谷区大华山镇小峪子村西，是平谷重要赏花地点，主要以观食两用桃打造桃花海景观，同时通过林下花卉种植延长园区整体观赏期。是一个集生产、示范、观光、休闲、娱乐于一体的桃花观光园区，带动周边万亩桃园，并以此为中心成功举办多节桃花节。

主要景观模式 规模花海景观、林下复合景观

主要产品 花海巡游、特色农产品

消费项目 鲜桃、桃罐头、桃木剑等桃木工艺品

自驾路线 走京平高速，密三路出口出，沿密三路向大华山镇方向行驶 21 千米，路南桃花海即到。

◎ 门头沟区

黄芩仙谷

简介　黄芩仙谷位于门头沟区斋堂镇西斋堂村，以黄芩茶文化为魂，以古香古色的仿明清建筑为体，建设的国家级黄芩文化主题旅游景区。黄芩仙谷在现有黄芩种植区域，修建田间小道等设施，可供游客 7 10 月赏黄芩花、摘黄芩叶、户外写生和婚纱摄影；并配合黄芩加工基地和两栋四合院建筑，游客更可以游览茶文化博物馆、体验黄芩茶加工、品特色茶饮、山林养生和休闲度假。

主要景观模式　坡地景观种植模式

主要产品　赏黄芩花、摘黄芩叶、品黄芩茶、体验黄芩文化

消费项目　黄芩茶、餐饮、住宿

行车路线　西四环上阜石路向西行驶 15 千米，走 109 国道行驶 45 千米到达西斋堂村；或乘坐一号线地铁至苹果园下车，乘坐 892 路公交车，西斋堂村下车即到。

黄芩仙谷